MENORCA

Sergi R

ECOS TRAVEL BOOKS

Bendecida por los dioses del Mediterráneo, Menorca parece la isla perfecta. Sus 700 kilómetros cuadrados dan para localizar dos ciudades encantadoras y diferentes entre sí, y dos porciones de litoral antitéticos: uno salvaje, vertical, rocoso y batido por el viento; otro suave, de arenales cuasi tropicales y aromatizado por los pinos. También para hallar un paisaje interior que parece importado de Irlanda. Los pueblecitos, perlas blancas desperdigadas por la isla, son un prodigio de arquitectura tradicional. Y en el centro, una montaña tótem que lo vigila todo. Ni el escritor más fantasioso podía haberla imaginado. Y, sin embargo, existe y permanece razonablemente intocada. Menorca es uno de los paraísos más próximos que tenemos.

La isla cuenta con dos litorales muy diferentes. Mientras que en el norte encontramos una costa recortada y muy sufrida, modelada por los agentes meteorológicos, con acantilados verticales y rocas perforadas, en la fachada sur se alinean calas y playas de corte absolutamente tropical, arenales soñados de aguas transparentes y arena finísima del color de la nieve. Los pinos aromáticos descienden casi hasta las olas.

El turismo llegó mucho más tarde a Menorca que a Mallorca y Eivissa , lo que redundó en un número menor de espacios sacrificados a la construcción. Ello ha motivado un gusto por la conservación muy arraigado en la isla, y son pocos los desmanes que se han cometido. De hecho, la red de reservas es tan importante con respecto al total del territorio y su armonía es tal con el resto de actividades tradicionales que la Unesco declaró la isla en octubre de 1993 Reserva de la Biosfera. Esta figura está reservada para aquellos lugares del planeta donde se experimenta un concepto de desarrollo sostenible. Hoy Menorca está entretejida de una red de reservas naturales diversas, como s'Albufera des Grau, la zona del Cap de Favàritx, el Cap de Cavalleria, el litoral norte de Ciutadella, la zona del Toro o prácticamente todo el litoral sur.

La isla reúne una ingente cantidad de restos arqueológicos procedentes de la cultura talayótica, de la cual los arqueólogos todavía no han desvelado sus misterios. Pero hoy el visitante puede ir de un yacimiento a otro en pocos minutos –la isla está repleta de ellos– admirando construcciones portentosas como las navetas o las taules, intentando adivinar en qué creían y cómo se comportaban los menorquines primitivos.

En el siglo XIII Menorca, como el resto del archipiélago, se incorporó a la corona catalana, lo que le da sus rasgos culturales actuales. Pero en fechas más recientes, hace apenas trescientos años, pasó por un periodo de dominación inglesa que dejó una impronta muy marcada. Parte de su arquitectura tradicional, algunos obras de ingeniería como el aljibe de Es Mercadal o el Camí d'en Kane y costumbres gastronómicas como la elaboración y consumo del gin, una variante de la ginebra, son hoy una seña importante de los menorquines.

Maó, el puerto natural más seguro del Mar Mediterráneo, y Ciutadella son las dos ciudades que lideran la isla, moteada por lo demás por una red de pueblecitos encantadores que obligan a visitarlos. Y entre estos dos tipos de urbes, una auténtica telaraña de explotaciones agropecuarias, muchas de ellas en pleno funcionamiento, que convierten a Menorca en un fabuloso laberinto de muros de piedra y vallas de acebuche ideal para ser recorrido sin prisa para degustar sus muchos atractivos, que siempre tienen un toque de sencillo pero que resultan grandiosos en un Mediterráneo que, en buena parte, ha perdido la belleza que le proporcionó su fama.

MAPA DE MENORCA

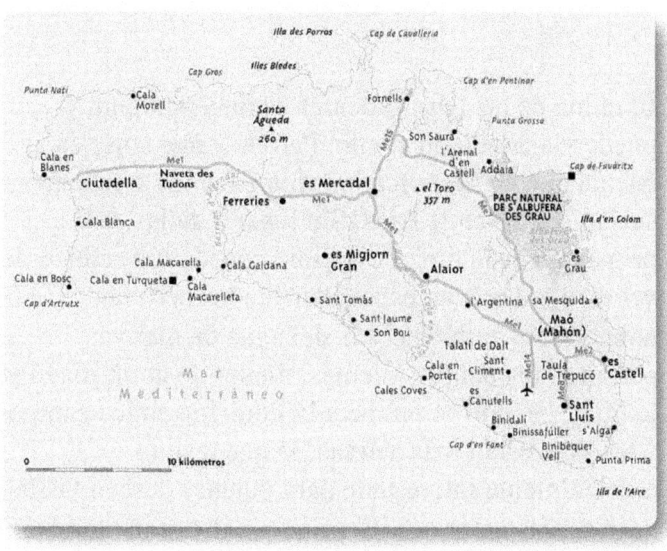

CUÁNDO IR

El clima de las Islas Baleares es muy benigno, y puede viajarse todo el año. Pero hay que tener en cuenta que en Menorca los vientos –muy frecuentes– suelen ser bastante fríos. Sin lugar a dudas, la primavera es la mejor estación, cuando los centros de veraneo todavía no están abarrotados pero la temperatura ambiente y la del agua de mar ya permiten los baños. Además, finales de abril, mayo y junio es cuando se produce la floración en los campos y las aves están más activas, lo que resulta especialmente interesante para quienes deseen visitar las reservas naturales. El principio del otoño también es muy propicio, y es cuando la temperatura del agua del mar alcanza sus graduaciones más altas. El invierno queda reservado para viajes sosegados, con muchos centros vacacionales cerrados pero, precisamente por eso, ideal para una visita tranquila y de reposo.

CLIMA

Menorca goza de un clima mediterráneo puro. Es decir, temperaturas templadas todo el año, muchas horas de sol y nivel bajo de precipitaciones, concentradas en otoño e invierno. Sin embargo, precisamente por el régimen de vientos, también recibe una media de precipitaciones más alta que el resto de islas Baleares. Ello redunda en un paisaje más verde y vistoso. Pero no estamos hablando, en términos generales, de una isla muy lluviosa. La media anual de horas de sol es de 2.700. Las temperaturas medias en Menorca son:

	ENERO	AGOSTO
CIUTADELLA	14°C	28'9°C
MAÓ	12°C	27°C
FERRERIES	12'8°C	20'9°C
MERCADAL	11'5°C	25°C

QUÉ LLEVAR

Durante el buen tiempo serán imprescindibles el bañador, la crema solar, el gorro o sombrero, las gafas de sol y un calzado cómodo. En invierno hay que ser cuidadoso y no dejarse tentar por la idea de un clima siempre templado, el viento de norte puede ser muy frío. Un dato estadístico chocante: en Menorca llueve una media de 160 días al año. Salvo episodios contados, no son precipitaciones abundantes ni torrenciales, pero debe tenerse en cuenta en el momento de planificar el viaje y preparar la maleta.

En las islas no se es muy formal para salir a cenar o acudir a festivales y conciertos, aunque en algunos de ellos, en función de su categoría, se esperará que los hombres acudan con pantalones largos y camisa con cuello.

En cuanto a medicamentos, es importante recordar que en España solo los expiden las farmacias con la correspondiente receta. Asegúrese de viajar con fármacos que utilice habitualmente por enfermedades crónicas y/o alergias y cualquier otra cosa podrá conseguirla en farmacias o visitando la red de centros sanitarios que hay por todo el territorio.

Oficinas de turismo

Resulta útil consultar itinerarios, horarios de apertura de algunos museos y otras atracciones en las **oficinas de turismo** que se encuentran en Ciutadella (Plaça des Born, edificio del ayuntamiento. Tel. 971 383 724); en Maó (Moll de Llevant, 2. Tel. 971 355 952); y en el aeropuerto (Terminal de Llegadas. Tel. 971 356 944). Las webs de consulta www.menorca.es y www.illesbalears.travel reúnen gran cantidad de información actualizada.

CÓMO LLEGAR

Avión

El **aeropuerto de Menorca** (Tel. 913 211 000. www.aena.es) está cerca de Maó, ciudad con la que está unido mediante la línea 10 de autobuses, que parte de la terminal cada media hora en verano (de 5.55 a 00.25 h) y cada hora en invierno (de 5.55 a 22.15 h). El billete cuesta 2.75 €. Información: Tel. 902 075 066. www.bus.e-torres.net.

También hay servicio de taxi. Una carrera al centro puede costar alrededor de 25-30 €.

Barco

Los dos puertos comerciales de Menorca son Maó y Ciutadella. Además, hay una red bien distribuida de puertos deportivos para aquellos que quieren vivir la experiencia de llegar con su propia embarcación.

Las Baleares también son punto de parada de muchos cruceros que realizan escalas y diariamente hay ferris de línea regular que conectan las islas entre sí.

Las principales compañías de transporte marítimo desde la península son:

Trasmediterránea: Tel. 902 454 645. www.trasmediterranea.es.

Baleària: Tel. 912 660 215. www.balearia.com.

MOVERSE POR MENORCA

En avión

La conexión entre islas está pensada para pasar siempre por Mallorca. Es decir, es imposible, en cualquier época del año, volar sin escalas entre Menorca y Eivissa. Generalmente las esperas son cortas, pero la frecuencias de vuelos tampoco es alta. En cualquier caso, la conexión entre Menorca y Mallorca es de varios vuelos al día, pero los precios, según la época del año, pueden ser sorprendentemente altos.

En coche

Desplazarse en vehículo propio es una manera ideal de conocer Menorca, pues permite visitar lugares apartados de las rutas típicas y, además, no estar pendiente de horarios.

Será mejor evitarlo, sin embargo, en el interior de Maó y Ciutadella, pues hay zonas peatonales, los cascos históricos son estrechos y abigarrados y perderá mucho tiempo en aparcar (además de que los barrios más céntricos suelen estar regulados por parquímetros, que obligan a regresar al coche cada poco tiempo a renovar el pago).

En muchas zonas, además, transitaremos por pistas rurales sin asfaltar. Hay que hacerlo cuidadosamente para no dañar el vehículo (es posible que el seguro no cubra una avería fuera del asfalto), así como también para no asustar al ganado, y porque puede haber senderistas o ciclistas ocupando la vía. Además, cada vez que encontremos una valla que delimita una finca agrícola debemos dejarla tal cual la hemos encontrado (abierta o cerrada).

Alquilar un vehículo

El alquiler de coches en Baleares es un trámite muy sencillo. Las tarifas varían enormemente por temporadas. Es más barato alquilar el coche por semanas que por días sueltos. La mayoría de compañías ya utilizan el sistema de kilometraje ilimitado, pero asegúrese bien de que es así antes de aceptar el trato. Cada vez es más frecuente que el coche se recoja con el depósito lleno y se deba entregar "vacío". Ello es ventajoso para la compañía, pues el cliente siempre pecará de prudente y jamás apurará hasta el final. Muchas compañías utilizan el sistema de recogerlo lleno y entregarlo de la misma manera. Es mucho más interesante para el usuario.

En Menorca operan varias compañías de alquiler. En el aeropuerto encontrará las firmas internacionales, aunque también existen de ámbito local que prestan un servicio igualmente competente, en ocasiones a precios más ventajosos. En pleno verano las flotas, no muy amplias, suelen estar copadas con antelación. Sea previsor y reserve su vehículo lo antes posible. Acuerde previamente el lugar de recogida y entrega.

Avis: Tel. 902 180 854. www.avis.es

Hertz: Tel. 971 354 092. www.hertz.es

Budget: Tel. 902 112 569. www.budget.es

Europcar: Tel. 911 505 000. www.europcar.es

Record Go: Tel. 936 192 468.
www.recordrentacar.com

Por el tamaño de la isla, no es mala idea alquilar un ciclomotor o motocicleta, pues las distancias son accesibles. Sin embargo, recuerde que en la costa norte el viento fuerte puede dificultar la conducción. Además, en las pistas rurales y forestales, que están sin asfaltar, hay que manejar con cuidado para evitar caídas, pues hay baches, charcos y zonas un tanto descompuestas por los fenómenos meteorológicos y el paso del ganado. En los arenales y sus cercanías – además de por consideraciones ambientales–, evite los firmes blandos que pueden entrampar el vehículo, rescatarlo puede ser un quebradero de cabeza.

En autobús

Menorca cuenta con una amplia red de autobuses que permite moverse por toda la isla. La estación de Maó está en la Plaça de s'Esplanada, Tel. 971 356 050. Pueden consultarse las líneas y horarios en la web: http://menorca.tib.org. Las líneas de Jaleo Bus facilitan los desplazamientos en transporte público durante las fiestas populares de verano. También puede consultarse la web MOU-T Menorca (http://mou-tmenorca.com)un portal del Consell Insular diseñado para ofrecer información sobre carreteras y buses de Menorca.

Bicicleta

Si está avezado a manejarla, la bicicleta es un vehículo idóneo para visitar Menorca. Se puede cruzar la isla de lado a lado en una sola jornada, y hay multitud de caminos como Camí d'en Kane o las pistas agrícolas que conducen a calas y monumentos talayóticos que resultan muy placenteros. Nuevamente tenga en cuenta el fuerte viento reinante en la costa norte, que dificultará la conducción y puede crear problemas de estabilidad. En la carretera principal que une Maó y Ciutadella manéjese con cuidado, los coches circulan a velocidades altas. Si puede, evítela y trace rutas alternativas.

Una aventura apasionante para cubrir en bicicleta –y también a pie– es el tradicional camino vecinal de 185 km de longitud que rodea por completo la isla conocido como Camí de Cavalls (www.camidecavalls360.com). Está bien señalizado, se puede realizar de manera independiente o recurriendo a una agencia organizadora. También se puede participar en la Vuelta a Menorca en BTT (www.menorcabtt.com) que se celebra en octubre y es una buena forma de recorrer los paisajes naturales que han convertido la isla en Reserva de la Biosfera.

GASTRONOMÍA DE MENORCA

La cocina menorquina tiene unas características muy definidas. Es puramente mediterránea, y a la clara influencia de los platos judíos, árabes y catalanes e incluso de las técnicas sajonas fruto de su dominación sobre la isla se les ha unido una adaptación a los productos locales que dan como resultado una gastronomía rica, visualmente muy apetecible y que se basa en platos sencillos pero sabrosos.

El **aceite de oliva**, que se utiliza para cocinar todos los platos, gana además protagonismo en presentaciones tan amadas por los isleños com el *pa amb oli* (pan frotado con tomate y regado con aceite y sal, variante balear del *pa amb tomàquet* catalán), la *sobrassada d'hortolà* (tostadas rociadas con aceite de oliva y espolvoreadas de pimentón dulce) o los picatostes que se incorporan a diferentes sopas como el *oliaigo* o la sopa escaldada.

Las cocas

La harina de trigo, que también tiene un papel destacado en la increíble repostería balear, se ha utilizado para la creación de unos platos completamente versátiles, que tanto han servido antaño para ir al campo como ahora para un tentempié rápido de oficinistas, una cena de emergencia cuando en casa no queda nada o un piscolabis entre horas: las cocas. En las Illes Balears se comen desde hace más de mil años. Una torta base de trigo horneada que puede llevar por encima espinacas, acelgas, patatas, pimientos, arenque, butifarra, sobrasada... Y si se trata de hacerlos dulces, no hay problema. Aparecen de albaricoque, limón, cerezas, con azúcar espolvoreado... Todavía hoy todas las panaderías y pastelerías de las islas las venden, y las han sofisticado cada vez con más variedades, así como con la variedad en forma de tartaleta, la *panada*.

De entre los platos principales, sobresalen los potentes platos de carne, de cerdo principalmente. Los arroces, que presumiblemente trajeron los valencianos, se desarrollan ahora de múltiples formas, pero el ***arròs brut*** (caldoso y con especias como canela, pimienta y azafrán) es el campeón. En el interior de Mallorca, Menorca y Eivissa el cerdo ha tenido un protagonismo secular desde la llegada de los cristianos, a partir del siglo XIII. De ahí que hayan aparecido dos productos que definen la gastronomía balear: la sobrasada y la ensaimada.

La sobrasada

La sobrasada es un embutido de característico color rojo que le viene dado por la generosa inclusión de pimentón. Las hay suaves, picantes y semipicantes. Se encuentran principalmente en Mallorca y Menorca, aunque hoy en día aparecen en los comercios de todo el archipiélago, y las variedades más apreciadas son la de *porc negre*, que se distingue precisamente por su envoltorio de color negro; y la de *porc faixat*, una raza autóctona menorquina. Los baleares no se ciñen a tomar la sobrasada con un pedazo de pan simplemente. La utilizan para rellenar ensaimadas, en el sofrito de los guisos, la incluyen en las sopas, e incluso la llegan a mezclar con miel, que proporciona una explosión de sabores contradictorios y deliciosos.

Por otro lado, la manteca de cerdo, el *saïm*, da paso a la **ensaimada**. Es un bollo en forma de espiral muy esponjoso y húmedo. Son millones las que se facturan cada año en las tiendas para que los turistas se las lleven. Aunque los foráneos suelen ceñirse a las ensaimadas sin relleno o, a lo sumo, con cabello de ángel, nuevamente los baleares hacen gala de su ingenio y las consumen de todas las maneras posibles: con crema pastelera, con nata, rellena de turrón de Jijona, de sobrasada, de queso…

En cuanto al pescado y el marisco, el plato más conocido en la Península tal vez sea la *caldereta de llagosta*, típico del norte de Menorca que ha trascendido a las demás islas. Se trata de un guiso marinero tradicional. Los estofados de raya y patatas y los arenques conservados en salmuera y bota (de cuando la refrigeración no existía) tienen papel preponderante. De hecho, el bacalao y otros pescados en salazón intervienen en ensaladas y acompañantes.

De la producción lechera de la que Menorca siempre ha sido vanguardista han aparecido los famosos **quesos de Mahó**n, que cuentan con esa denominación de origen pero se producen en toda la isla.

Licores

Es posible que no haya una región en España que se haya dedicado con tanta profusión a ellos. Además del *gin* menorquín –una variante de la ginebra que se toma sola, con zumo de limón e incluso con miel– que trajeron los británicos, se producen característicos licores macerados en hierbas. También es muy tradicional la *frígola* hecha a base de tomillo macerado en aguardiente dulce.

Aunque la producción de **vino** se remonta a más de 2.500 años atrás, desde la época de la población púnica, es reciente el esfuerzo de los productores baleares por incorporarse al próspero negocio de la enología. Los caldos conocidos genéricamente como *Vi de la terra illa de Menorca* están producidos por las bodegas del centro de la isla.

Si geológicamente todo el archipiélago tiene una unidad evidente, después cada isla reúne unas características geográficas propias que vale la pena citar. Comenzando por oriente, Menorca es el territorio más alejado de la Península Ibérica. Solo tiene 700 km^2 de extensión, y muchos ven en la silueta de la isla la forma de una habichuela. No cuenta con montañas relevantes, su pico más alto es el Puig del Toro, de 358 metros sobre el nivel del mar. Sin embargo, las modestas elevaciones de las redondeadas montañas del centro de Menorca son suficientes para que se den dos espacios muy diferentes: la mitad norte, completamente expuesta a los temporales de tramuntana, con un litoral muy recortado y acantilados verticales, algunos puertos naturales y menor presencia de grandes arenales; y el sur, en el que aparecen las míticas playas que conforman la imagen ideal de arenal mediterráneo aromatizado por el bosque de pinos. Cerrando sus extremos, dos puertos notables, el más importante el de Maó a oriente. Y el de Ciutadella, a occidente.

Menorca está más expuesta a los vientos cargados de humedad que el resto del archipiélago, de ahí que muestre un aspecto más verde, y que ello se haya traducido, secularmente, en un sector agropecuario que hasta hace muy pocas décadas era el auténtico motor económico de la isla. Fruto de ello todavía hoy las fábricas de derivados lácteos tienen gran importancia, y la cabaña ganadera –sobre todo la vacuna– da a la isla un aspecto que podríamos relacionar más con algunas zonas de Escocia, Irlanda o Bretaña que con el seco y riguroso mediterráneo occidental.

Uno de los grandes atractivos de Menorca son sus bellísimos arenales. Aunque en la lista de 10 visitas hay algunas de las más afamadas, aportamos una lista adicional que vale la pena visitar.

● **Cala en Turqueta**, en el litoral meridional. Una playa en forma de tubo alargado, poco frecuente en Menorca. El bosque de pinos llega hasta la misma arena. Pequeños dientes rocosos le proporcionan una protección casi total.

● **Son Saura**, en el litoral meridional. Grupo de pequeños arenales que van enlazando con salientes rocosos. Sus cordones de dunas son importantes, y están protegidos para salvaguardar la flora y la fauna específica que los pueblan.

- **Cala en Bosc**, en el litoral meridional. Arenal recogido y vecino de Son Xoriguer, que es más amplio y tiene la característica forma de media luna. Está cerca de Cap d'Artrutx.

- **Cala Morell**, en el litoral septentrional. Arenal muy recogido, pese a encontrarse en la costa norte. Está formado por la propia cala y otra anexa conocida com Cul de Sa Ferrada. Ocupando los acantilados que cierran la playa se halla una necrópolis troglodítica de la Edad de Bronce.

- **Algaiarens**, en el litoral septentrional (en la foto superior). De gran tamaño, teniendo en cuenta las dimensiones medias de los arenales menorquines. En su retaguardia hay unos marjales de gran valor ecológico que acoge poblaciones de fochas, calamones y otras aves acuáticas.

- **Cala Santa Galdana**, en el litoral meridional, a siete kilómetros de Ferreries. Se halla en la desembocadura del Barranc d'Algendar, una de las joyas ecológicas menorquinas. Ni siquiera la construcción de grandes infraestructuras hoteleras ha conseguido borrar la belleza de la que tal vez sea la playa más utilizada de Menorca.

- **Binigaus**, en el litoral meridional. Playa bastante frecuentada y de fácil acceso. Aun estando en la costa sur, por su forma abierta recibe bastante viento. Pero la vegetación que contiene su retaguardia, la arena blanca y el agua límpida la convierten en la preferida de muchos turistas.

- **Cala Pregonda**, en el litoral septentrional. Vale la pena el esfuerzo de caminar unos minutos para acceder a esta playa que se distingue de todas las demás menorquinas por el color rojo del mineral, lo que le da un aspecto singular.

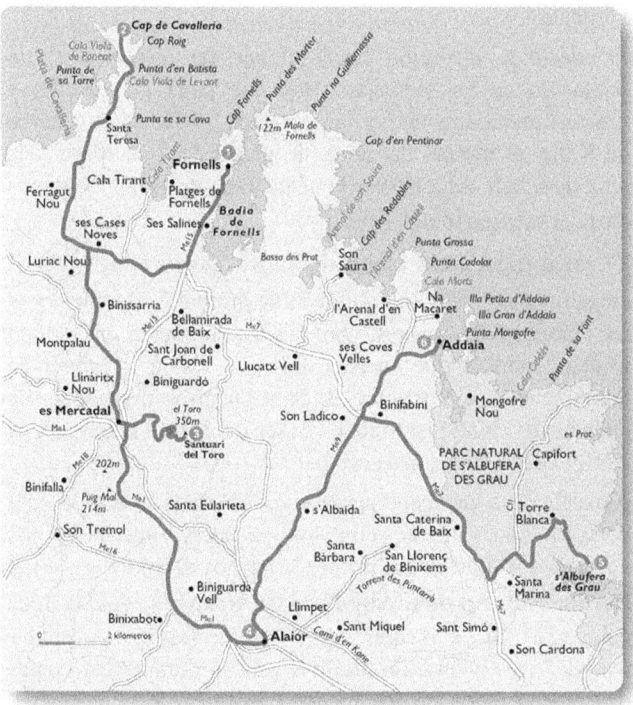

La torre de vigía de Fornells es el punto de inicio de este itinerario. Se alcanza partiendo del extremo norte del pueblo, se salva una sencilla escalinata –pasando por una ermita dedicada a la Virgen de Lourdes– y se llega hasta ella. Enfrente está la bonita Mola de Fornells, un cabo virgen que también tiene su tradicional torre de vigilancia. Bajamos a **Fornells** ❶ y nos detenemos en su encalada iglesia, dedicada a Sant Antoni Abat. Por detrás de ella accedemos a algunas de las casas que se dejan lamer por las olas.

Tenemos que adentrarnos en la isla para bordear la cala Tirant y seguir los indicadores hacia el **cabo de Cavalleria** 2. Llegamos al punto más septentrional de la isla. Raro es el día que el viento del norte no azote este lugar solitario, en el que reina el faro sobre unos enormes acantilados verticales.

En decidida dirección hacia el sur nos colamos en la población de Es Mercadal. Hay que dejar el vehículo y pasear tranquilamente por la población, visitando la cisterna de Kane, el molino harinero, la iglesia de Sant Martí y la roca de s'Indi. Al terminar la visita al casco viejo subiremos hasta el **santuario del Toro** 3.

Y siguiendo con los destinos gastronómicos, nos encaminamos hacia la población de **Alaior** 4, famosa por sus fábricas de quesos con la denominación de origen Mahón. Pero es que además, hay que visitar la iglesia de Santa Eulàlia, el convento de Sant Diego y el laberinto de callejas del casco histórico, en busca del sobrio pero señorial edificio de la casa consistorial.

A partir de aquí abandonamos los entornos poblados para contactar nuevamente con los paisajes vírgenes y los territorios solitarios. En primer lugar nos detendremos en el **Parque Natural de S'Albufera des Grau** 5. Vale la pena detenerse en el centro de interpretación y recibir instrucciones acerca de algunos paseos durante los cuales observar algunos de los mejores paisajes de la reserva y también la fauna salvaje que lo puebla. Será buena idea llevar prismáticos y una guía de campo y estar atentos por si aparece la sorprendente águila pescadora.

El itinerario del día se cierra en el **puerto de Addaia** 6. Se trata de un alargadísimo entrante del mar en la tierra que provoca la aparición de un encantador pueblo de casas encaladas que se ha expandido por todos los rincones de una pequeña península. Aunque orientado al norte, la estrechez y longitud del puerto natural le confieren unas aguas calmas que son muy apreciadas por las embarcaciones de recreo. Es recomendable darse un paseo por la ensenada, que recuerda un paisaje de la costa griega.

RUTA POR CIUTADELLA Y SU ENTORNO

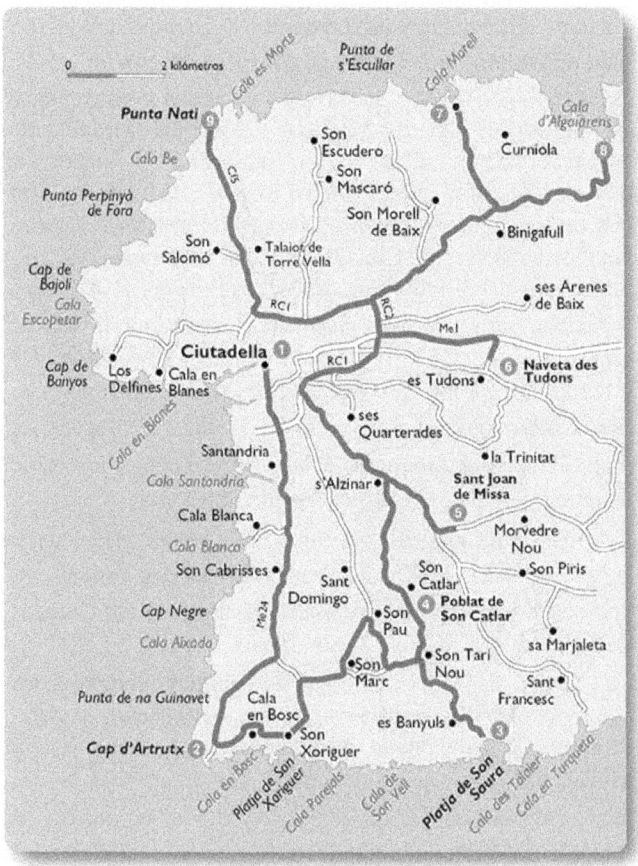

Ciutadella ① reclama un paseo largo. En la Plaça des Born tenemos que rendir visita al bonito edificio de la casa consistorial –que tiene forma de castillo–, al Bastió del Governador y a los palacetes que se agolpan en ella, en especial el de Torre-Saura, que contienen dos famosos mascarones coronando sus puertas principales. Además, tenemos que callejear por el laberinto del casco histórico, pasando obligatoriamente por el Carrer de Ses Voltes y la Plaça Nova y desembocando frente al molino des Comtes. También deberemos bajar hasta el recogido puerto y caminar entre las barcas para tener una visión completa de la ciudad.

Una vez visitada la ciudad, podemos dirigirnos hacia el sur, para desembocar en el **cabo de Artrutx** ②, con un paisaje de acantilados bajos y un faro que encara el canal de agua que separa las islas de Mallorca y Menorca. Resiguiendo este recortado litoral que no posibilita el baño llegamos a dos calas que sí lo hacen: cala en Bosc y cala Xoriguer. Son dos de los arenales urbanizados más valorados y cercanos para los habitantes de Ciutadella, que aprecian sus servicios. Seguidamente dirigimos nuestros pasos hacia **Son Saura** ③, una serie de calas que han permanecido libres de construcciones, por lo que tienen un alto valor ecológico y estético. De retorno al norte pasamos por el yacimiento de **Son Catlar** ④, que merece una visita. Y después, el oratorio de **Sant Joan de Missa** ⑤, punto importante durante la Festa de Cavalls (fiesta de caballos).

Retornamos a Ciutadella sin entrar en la ciudad para encarar la carretera hacia Maó y alcanzar la **Naveta des Tudons** ⑥, uno de los monumentos prehistóricos más famosos de todas las Baleares.

La naveta ha sido uno de los últimos compromisos culturales del día. A partir de ahora nos esperan arenales solitarios de aguas maravillosamente cristalinas como **cala Morell** ⑦ –en la que también deberíamos visitar la interesante necrópolis troglodítica junto a la playa–, la soledad del **valle de Algaiarens** ⑧ y, finalmente, el inhóspito paisaje de acantilados de **Punta Nati** ⑨, donde finalizamos el recorrido. Atención al llegar a las inmediaciones del faro, la pista de acceso es tan estrecha que impide hacer maniobras con el vehículo.

Menorca
PASO A PASO

10 VISITAS IMPRESCINDIBLES

1 **Maó**: El mejor puerto natural del Mediterráneo

2 **Trepucó y Talatí de Dalt**: El enigma prehistórico

3 **Cap de Cavalleria**: Confín del norte

4 **Ciutadella**: La ciudad de los caballos

5 **Santuario de Toro**: La montaña sagrada

6 **Cales Coves**: Refugio de todas las épocas

7 **S'Albufera des Grau**: El gran parque natural

8 **Punta Nati**: Desolaciones del norte

9 **Naveta des Tudons**: Barca de piedra de 3.500 años

10 **Binibéquer Vell**: Otra manera de entender el turismo

Otros puntos de interés: Calas Macarella y Macarelleta, Camí de Cavalls, Ferreries, Cap d'Artrutx y Barranc d'Algendar

29

El mejor puerto natural del Mediterráneo

Francia y Gran Bretaña se han disputado a lo largo de los siglos la isla de Menorca, cambiándosela de manos en breves periodos históricos. La finalidad principal era gozar del abrigo del puerto natural de Maó, considerado el más resguardado de todo el mar Mediterráneo. De ahí que en la visita a la capital menorquina haya que reservar un espacio para recorrer este largo entrante, con vestigios británicos como la Golden Farm o el fuerte Marlborough y otras "herencias" como el *gin*, con la legendaria fábrica Xoriguer.

El casco viejo mahonés es coqueto y pequeño, con puntos de visita imprescindibles como el Museu de Menorca, con materiales arqueológicos, cerámicas, pinturas y una buena colección de mapas antiguos de la isla; la iglesia del Carme, un templo cuyo edificio anexo –antiguo convento de los carmelitas– alberga el mercado más tradicional de la ciudad que ahora, además, ha sido convertido en espacio multicultural; el mercado del pescado o la modernista Casa Mir, en la rutilante Costa de Ses Voltes, donde arrancan las calles de mayor vitalidad comercial de la villa. Junto a la alargada Plaça de la Constitució está el impresionante templo de Santa Maria, que alberga un órgano con más de dos siglos de vida. Y prácticamente pegado a él, el edificio del ayuntamiento, con fachada neoclásica. No se tiene una buena perspectiva de Maó sin acudir al otro lado de la bahía, que tiene las mejores vistas desde Sa Colàrsega.

Museu de Menorca Plà des Monestir, 9. Tel. 971 350 955. Verano: ma-sa 10-14 y 18-20 h, do y fest 10-14 h. Invierno: ma y ju 10-18 h, mi-vi-sa y do 10-14 h. Lunes, cerrado todo el año. Entrada general 4 €. Entrada gratuita sábados tarde y domingos, y los martes y jueves de 15-18 h en invierno. www.museudemenorca.com.

La herencia inglesa

Los ingleses llegan a Menorca en 1708, aprovechando la Guerra de Sucesión. Aunque la excusa es apoyar al archiduque Carlos de Austria en contra del Borbón Felipe V, la intención oculta es quedarse con el mejor puerto del Mediterráneo occidental. Tuvieron posesión de Menorca en tres periodos diferentes a lo largo del siglo XVIII. Ello influyó en algunos aspectos gastronómicos, el más evidente de los cuales es la elaboración del *gin*, una variante de la ginebra propia de la isla con decidido aroma a enebro y que se suele tomar mezclada con limonada (*pomada*) e incluso con miel (*ginimel*). Hoy la destilería más conocida es Xoriguer, en el puerto de Maó. Pero además quedaron muchas construcciones, como la Golden Farm en el puerto de Maó, el edificio Principal de Guardia o el fuerte Marlborough. Toda la isla está moteada de construcciones inglesas, pero se concentran en la parte oriental, donde los ingleses tenían interés principal en el puerto. El gobernador más famoso de los británicos, Richard Kane, fue quien trasladó de Ciutadella a Maó la capital y también impulsó obras como el Camino que lleva su nombre o el aljibe gigantesco que se admira en la localidad de Es Mercadal.

QUE VER CERCA...

Es Castell

Hoy Es Castell es un pueblo satélite de Maó, recoge parte de las infraestructuras turísticas que la capital ya no consigue absorber. Desde su paseo marítimo, repleto en temporada de bares y restaurantes, se tiene una magnífica panorámica del entrante del puerto mahonés cuando se acerca ya al cabo. Enfrente tiene las islas de Quarentena y Llatzaret (lazareto), donde antiguamente se recluía a los marineros con enfermedades infecciosas.

La gigantesca **Plaça de S'Esplanad**a, nítida de elementos en el centro, de planta cuadrada, acoge los edificios más interesantes. El ayuntamiento es una elegante casa pintada de blanco y granate con una coqueta torre del reloj y rematada con un balconcillo de acceso a la campana de avisos.

Justo en el lado opuesto de la plaza se halla el antiguo cuartel de Cala Corb, construido por los ingleses a finales del siglo XVIII. Alberga el interesante **museo militar**, con reproducciones de barcos históricos, una colección de cañones y de mapas de las distintas fortalezas menorquinas.

Museo Militar de Menorca Pza. Esplanada, 19. Tel. 971 362 100. Junio, julio y agosto, lu-vi y primer do de mes 10-13 h. Septiembre a mayo lu, mi, vi y primer do de mes 10-13 h. Enero y febrero cerrado. Entrada general 4 €. www.consorciomilitarmenorca.com

Sant Climent

Sant Climent es un pueblo muy pequeño crecido en torno a su iglesia. Pasaría inadverttido a los visitantes si no fuera por los importantes restos que guarda en su término. Están bien indicados los caminos vecinales que conducen, en primer lugar, al conjunto del Torellonet Vell. Allí vemos el que se considera el *talaiot* mejor conservado de Menorca. Tiene intacta su ventana con dintel, y sorprende que alberga algunas de las señales luminosas necesarias para el funcionamiento del aeropuerto. Los arqueólogos hallaron en este lugar la figurilla de lo que podría ser una deidad de la guerra, luciendo un casco de estilo corintio y una piedra de obsidiana. Ambas piezas hacen pensar en una intensa relación con pueblos del oriente mediterráneo.

Siguiendo el mismo camino llegamos a la basílica paleocristiana de **Son Fornàs de Torelló**. Está "enjaulada" para preservarla de los elementos, y muestra unos sofisticados mosaicos bizantinos con pavos reales y leones.

Sant Lluís

La fundación de Sant Lluís se remonta al corto periodo de dominación francesa en el siglo XVIII. De ahí su estructura urbanística, diseñada como una cuadrícula perfecta. La iglesia y el molino convertido en pequeño museo etnológico son los monumentos más destacados del núcleo urbano.

Entre dominación inglesa y dominación inglesa, en el siglo XVIII se colaron los franceses para hacerse con las riendas de la codiciada isla. En los escasos siete años que la tuvieron bajo su poder (1756- 1763) les dio tiempo a construir el pueblo de Sant Lluís, que en aquel momento no fue más que un barrio de Maó. Se construyó siguiendo un criterio racionalista, con dos avenidas principales rectilíneas y todas las demás calles cortándolas en perpendicular. Ahora es una tranquila población de casas blancas y donde destacan dos edificios sobre los demás. Por un lado la **iglesia** neoclásica de Sant Lluís, que luce en su fachada el escudo del rey de Francia. Es obra del aquitecto

Antoine d'Allemand. Por otro lado, a la entrada de la localidad destaca el **Molí de Dalt**, molino harinero restaurado para convertirse en un pequeño museo etnológico sobre la vida rural tradicional.

Sólo cuatro kilómetros separan **Cala Alcalfar** del núcleo de Sant Lluís, es la conexión más directa del casco urbano con el mar. Esta cerrada playa en forma de gancho está completamente protegida de los vientos de todos los cuadrantes. En el cierre de la bahía, justo en el llamado Morro de Alcalfar, se halla una torre de defensa del siglo XVII levantada para vigilar las incursiones de los piratas. Se accede a ella por un sendero bien acondicionado.

2 TREPUCÓ Y TALATÍ DE DALT

Poco han podido desentrañar los arqueólogos de la cultura talayótica que pobló las Balears a partir del año 1400 a.C. Pero de lo que expertos y profanos pueden disfrutar es de los vestigios de su civilización. Toda Menorca está plagada de *taules*, recintos fortificados, torres y navetas. Uno de los más espectaculares es el de **Talatí de Dalt**, cuyo elemento protagonista es la *taula*, una construcción formada por dos grandes losas de roca en forma de "t" que se supone que sería un ara ceremonial. Antiguamente los primitivos menorquines utilizaban esta ciclópea construcción para realizar ofrendas en forma de fogatas con las que animar a las divinidades a conceder protección al ganado y buenas cosechas. Las cuevas artificiales de Talatí siguen excavándose, y es de los pocos yacimientos en la isla en los que continúan los trabajos sobre el terreno.

Talatí de Dalt seguramente estuvo habitado desde 2.500 años antes de nuestra era, pero es entre los siglos IV y II a.C. cuando se llevan a cabo las construcciones que ahora podemos observar. Sin duda el comercio con los cartagineses fue continuado y productivo, pues se han encontrado numerosos restos de ello. Como tantos otros poblados talayóticos, Talatí de Dalt entró en decadencia a partir de la llegada de los romanos, pero los arqueólogos encuentran evidencias de un poblamiento más o menos continuado hasta el siglo XIII.

Por su parte **Trepucó**, muy cercano (gratuito), está formado por cuatro talayotes o torres de defensa a las que se accedía por un único ventanuco. Con tan sólo retirar la escala de madera de acceso era inexpugnable. En Trepucó el mejor conservado es el central. Tenía adosadas algunas casas de uso civil, para que sus habitantes tuvieran acceso inmediato a la torre. La espectacular *taula*, una de las más bonitas de la isla, está apuntalada e incluso en la parte trasera se aprecia un refuerzo de hormigón. El poblado talayótico de Trepucó estuvo en funcionamiento desde el año 1400 a.C., y seguramente fue el mayor de toda Menorca, pues ocupaba más de 5.000 m^2. Los expertos creen que fue abandonado a partir de la llegada de los romanos, en el siglo II a.C.

Talatí de Dalt *Al sur de la carretera Maó-Ciutadella, a la altura del km 4. De noviembre a abril acceso libre todos los días. De mayo a octubre abierto 10-14 h y 16-20 h (julio y*

Navetas, talaiots y taules

Los primeros vestigios de presencia humana datan del 2100 a. C. Desde entonces hasta la llegada de los romanos en 123 a. C., la Prehistoria insular discurre por diferentes fases. Uno de los edificios más emblemáticos y exclusivo de Menorca, son las *navetas*, construcciones funerarias colectivas, de hasta cien individuos inhumados junto a sus ajuares, como en la de es Tudons (Ciutadella) con restos datados sobre todo en el siglo IX a.C.

Entre el 1000 y el 700 a.C. se construyeron los *talaiots*, torres troncocónicas de piedras en seco. Su función principal era el dominio visual del territorio circundante, además de cohesionador social de la comunidad que vivía a su alrededor. En esta época, denominada Talayótico, se excavaron cuevas funerarias en los acantilados de calas y barrancos como el de Calas Coves (Alaior). Las más antiguas tienen la planta circular u ovalada de pequeñas dimensiones y se encuentran en sitios elevados de difícil acceso.

A partir del 650 a. C. se inicia el Post-talayótico. Se construye el edificio más original y exclusivo de Menorca: los *santuarios de taula*. Son recintos de planta de herradura y fachada cóncava. En ellos se practicaban rituales relacionados con la fecundidad de la tierra y de las personas, efectuándose el sacrificio de animales domésticos, libaciones con vino y rotura simbólica de ánforas.

3 CAP DE CAVALLERIA

Confín del norte

El Cap de Cavalleria es el extremo situado más al norte de Menorca. Y para despejar toda duda, el terreno se alarga en un pequeña península que emerge junto a Fornells y que acaba tomando la forma de un puño cerrado con el pulgar enhiesto. En ese territorio torturado hasta lo inhumano por los vientos de tramontana resiste un hermoso faro –el más antiguo de la isla– cuyo recinto está cerrado por la tradicional verja de madera de acebuche. Caminantes, caballistas y ciclistas suelen acudir a observar el oleaje y también a gozar de los espectaculares paisajes que ofrecen calas como Viola de Llevant, S'Olla Torta, Viola de Ponent y el puerto natural de Sa Nitja. Los visitantes interesados en la ornitología, con un poco de paciencia, podrán observar el vuelo del águila pescadora, que anida en estos acantilados. Y los amantes de la historia pueden visitar el ecomuseo en la finca de Santa Teresa, que difunde la importancia natural del sitio así como su pasado, con restos arqueológicos romanos. El ecomuseo se encuentra ubicado en un paraje natural con espectaculares vistas y combina la observación de restos históricos con el paisaje, la botánica, la fauna y los elementos etnológicos.

Ecomuseu del Cap de Cavalleria Camí de Sa Cavalleria. Fornells. Tel. 971 359 999. Abierto todos los días en abril, mayo, junio y octubre, 10-19.30 h. En julio y septiembre, 10-20 h. Y en agosto, 10-20.30 h. Entrada general 3 €. www.menorcaweb.com.

QUE VER CERCA...

Fornells

Fornells se halla en el extremo de una ensenada natural de cuatro kilómetros de longitud, muy bien resguardada de los vientos de norte. Tiene una historia muy reciente, pues el primitivo puerto de pescadores dio el saltó a población a principios del siglo XVII, cuando el rey Felipe IV mandó construir aquí una fortaleza militar que fue destruida tan sólo 150 años más tarde. La encalada **iglesia de Sant Antoni Abat** es el núcleo del pueblo, que se desparrama por las orillas de este entrante del mar y está decorado por cimbreantes palmeras.

Justo en un promontorio sobre el pueblo se halla la **Torre de Fornells**, desde la cual se tiene una buena visión de todo el puerto y también del cercano Cap de Cavalleria. Asimismo, se ve cómo en el cabo situado a oriente se alza la Torre de la Mola.

Desde Fornells, se puede recorrer la costa que baña la reserva marina de Menorca, de espectaculares acantilados y numerosos islotes, y llegar a **Cala Tirant** o Arenal de Tirant, que posee un mirador con vistas panorámicas hacia los cabos Fornells y Cavalleria.

Fornells es famosa por su *caldereta de llagosta*, un guiso de langosta que atrae a personajes famosos y anónimos.

Addaia

Addaia se afinca en una pequeña península entre su gran puerto y la Cala Molí. Se trata de una estructura clásica de pueblo de pescadores, con casas encaladas bajas y las tradicionales rampas (*escars*) para bajar las barcas al agua. Aunque sigue habiendo una flota pesquera considerable para las dimensiones de Menorca, la realidad es que son las embarcaciones de recreo las que ahora ocupan la mayor parte de amarres. Pero el paseo por Addaia resulta muy placentero porque se ha respetado mayoritariamente la arquitectura tradicional.

Destaca su **torre de vigía**, desde la cual se desciende a unos pantalanes de madera en una ensenada maravillosa protegida por islotes.

Addaia fue el puerto escogido por los ingleses para desembarcar en su tercera toma de la isla, en 1798. Los arenales de En Castell y Son Saura son los únicos en una zona plena de acantilados.

4 CIUTADELLA

La ciudad de los caballos

Con la llegada del verano, la tranquila ciudad de Ciutadella, situada en el extremo occidental de la isla, se revoluciona. Los menorquines preparan sus casas y sus mejores galas y los turistas llegan por centenares a contemplar las fiestas de san Juan, en las que los protagonistas son los caballos. De las vistosas celebraciones que tienen como escenario Ciutadella, destaca el llamado "jaleo", en el que los jinetes muestran ejercicios de destreza similares a los de las justas medievales. El resto del año Ciutadella es una villa silenciosa y fresca, con un casco antiguo medieval delicioso, repleto de callejas y calles porticadas y que tiene en la iglesia de Santa Maria su templo más destacado. Es conocida como "la catedral", y remonta su construcción al siglo XIV, cuando la mandó levantar el rey Alfonso III sobre una mezquita. De hecho, aunque es un exponente maravilloso del gótico catalán, conserva la estructura del minarete.

Desde la catedral el paseo inevitablemente lleva frente al palacete que en la actualidad está ocupado por el Consell Insular de Menorca y, remontando esa misma calle, hasta el popular Carrer de Ses Voltes, porticado a lado y lado, y a la recoleta Plaça Nova, de casas tradicionales encaladas.

Los ciudadelanos llaman Sa Contramurada al paseo que rodea el casco viejo. Es la zona preferente de paseo, por la que se se desciende evitando el dédalo de callejuelas, y en el que se sitúan buena parte de los comercios. Termina en la amplísima Plaça des Pins, que a su vez está conectada con uno de los lugares más queridos por los nativos: la Plaça des Born. En este gran espacio rectangular que está presidido por la casa consistorial, algunos palacetes destacados y un monolito central tienen lugar algunos de los momentos más destacados de la Festa de Cavalls del día de san Juan (24 de junio). Frente al ayuntamiento se ubica el Palau de Torre-Saura, de estilo neoclásico y que prácticamente ocupa dos terceras partes de la manzana. Junto al ayuntamiento salen un pasadizo y escalinata que conducen al Bastió del Governador, una torre defensiva desde la que se domina buena parte del puerto de Ciutadella.

Iglesia de Santa Maria Pça. de la Catedral. Tel. 971 380 343. www.ajciutadella.org.

Sant Joan de Missa

La ermita de Sant Joan de Missa, situada en las afueras de Ciutadella, no sólo es uno de los oratorios más bellos de Menorca. Tiene, además, una gran importancia histórica, que se remonta al pasado pero que continúa hoy, con su papel protagonista que desempeña en la Festa de Cavalls del día de san Juan.

En la víspera del 24 de junio los *caixers* (jinetes de a la cofradía que desfila por las calles de la ciudad y entra en las casas para recibir parabienes) acuden en romería en una espectacular cabalgada a la ermita, donde escuchan las llamadas Completes.

Sant Joan de Missa no cuenta con núcleo de población, aunque ésta fuera la intención del rey Jaime II cuando mandó fundarla en 1301. El templo está completamente encalado y rodeado por unos cuidados jardines. Una cruz de término preside el patio de la entrada. La iglesia es de estilo gótico y nave única, con una capilla lateral dedicada a Sant Isidre. La fachada cuenta con espadaña y campana. El porche de tres arcos es un elemento superpuesto a la fachada principal. Su última restauración es de finales del siglo XIX.

Son Saura

Ciutadella cuenta con un término municipal amplísimo que domina buena parte del sector occidental de la isla, y que abarca tanto zonas litorales del norte (costa de Tramuntana), como del sur. Una de las más destacadas en la zona meridional es Son Saura. Está situada a 11 kilómetros de la ciudad, y se trata de un grupo de pequeños arenales enlazados por pequeños salientes rocosos. Quedan muy cerrados y protegidos de los vientos dominantes.

Son Saura se libró de la dinámica constructiva de décadas atrás, y ahora menorquines y turistas pueden disfrutar de unas playas vírgenes de arena blanca en la que incluso se dan algunas de las cadenas de dunas litorales con vegetación propia. Están acordonadas para que los visitantes no las pisen y puedan así conservarse en buen estado. El bosque de encinas y acebuches mezclado con pinos llega casi hasta el rompiente. Las aguas son cristalinas, toman un color turquesa cuando el fondo es arenoso y azul intenso cuando hay rocas. Una de las calas más apreciadas es **Cala des Talaier**, siempre llena de restos de *Posidonia oceanica*.

Cala en Turqueta

Cala en Turqueta está a 10 kilómetros de Ciutadella, entre las puntas des Tambors y na Foradada. Esta playa virgen y aislada se sitúa en un entrante de mar, que recorre 400 metros hasta tocar el arenal, dando lugar a esta cala paradisíaca, flanqueada por acantilados y cubiertas de pinares frondosos, que forman parte de Àrea Natural d'Especial Interès de la costa sur de Ciutadella.

Este tramo de costa tiene forma semicircular, con agua cristalina y tranquila, pendiente suave y resguardada de los vientos. El acceso por carretera desde Ciutadella es sencillo siguiendo la señalización viaria. El vehículo particular se podrá dejar gratuitamente en un aparcamiento situado a 850 metros de la playa (unos 15 minutos a pie) o se deberá pagar por acceder en coche y aparcar cerca de la playa.

Algaiarens

En el cruce hacia Cala Morell se encuentra el desvío que conduce hacia la Vall d'Algaiarens. Se trata de un sistema de cala encaradas al norte pero resguardadas por pequeños cabos que se distinguen un poco de lo común en la isla de Menorca. Y ello es porque en lugar de arena blanca y fina como la harina están compuestas de grava pequeña de color ocre que contrasta con el azul intenso del agua del mar.

Hay hasta tres playas de buenas dimensiones que se agrupan bajo la denominación general, aunque luego los locales distinguen entre Algaiarens, Platja de Bot y Platja des Tancats. Estas dos últimas están incluidas dentro de una Reserva Natural de Interés Especial. Lo más valioso del conjunto es la cadena de dunas que contienen algunas especies botánicas especialmente adaptadas a este hábitat árido y altamente salinizado. Algunas especies de reptiles e insectos las pueblan.

Por detrás de ellas hay unas pequeñas marismas que acogen especies avícolas de paso en sus migraciones y otras que permanecen regularmente, como ánades, fochas y calamones.

En el punto de aparcamiento de Algaiarens hay un pinar del que parte un sendero –señalizado discretamente con un rótulo azul en varios idiomas– hacia un mirador fantástico sobre el conjunto de playas. Es un camino de arcilla bastante empinado, pero apenas reclama diez minutos de paseo por el aromático bosque y se llega a lo alto del acantilado, desde donde se obtiene una memorable panorámica de las prodigiosas aguas turquesa que bañan la Vall d'Algaiarens.

5 SANTUARIO DE TORO

La montaña sagrada

Con apenas 357 metros de altitud, el monte Toro es el más alto de Menorca y, en un día claro, permite ver las cuatro esquinas de la isla. Sus rampas de acceso son un aliciente para los ciclistas, que en el resto del territorio solo pedalean por toboganes. En la cima, además de antenas de telecomunicaciones, se encuentra el santuario de la Virgen de Toro, topónimo de origen no aclarado por los expertos, pues algunos le atribuyen origen romano y otros musulmán. En cualquier caso, en el encalado recinto adornado con un pozo se halla la iglesia, de planta única. La imagen de la Virgen se representa con un toro a sus pies, pues según la tradición fue uno de estos animales el que condujo a los fieles hasta la entrada de una cueva en el siglo XIII para dar con la Madre de Dios. El santuario está gestionado actualmente por la orden de los franciscanos, después de haber pasado por varias manos.

El santuario de Toro vive su fiesta principal el primer domingo de mayo, cuando se celebra la festividad de la patrona de Menorca. El resto del año suele ser un lugar tranquilo, visitado por ciclistas y excursionistas que desean alcanzar el punto más elevado de Menorca y gozar de las famosas vistas de Es Mercadal (en la foto), a los pies de la montaña, de toda la bahía de Fornells y de buena parte de la costa de Menorca.

Santuari de Toro Municipio de Es Mercadal. Abierto todos los días del año. Tel. 971 375 060. www.menorca.es.

QUE VER CERCA...

Es Mercadal

Una de las obras más famosas del gobernador inglés Richard Kane está en Es Mercadal, es el **aljibe** que lleva su nombre. Pero el pueblo por sí mismo tiene un aire somnoliento y relajado, con sus casas encaladas en calles empinadas, que invitan al paseo.

El aljibe está situado fuera del casco urbano, cruzando la carretera que conduce a Alaior. A su lado, el recinto ferial y un centro de artesanía que reúne a maestros de diferentes disciplinas. Precisamente siguiendo un par de kilómetros está vía se llega a un **mirador** desde donde puede admirarse Sa Roca de s'Indi, un montículo que, efectivamente, se aparece como la

50

silueta de un indio. Se aprecia mejor con luces crepusculares, cuando está en semipenumbra. Ya dentro del casco urbano tenemos cita con la **iglesia de Sant Martí**, situada sobre una colina. Muchas calles del casco histórico son empinadas y van a confluir hacia el templo.

Muy cerca de la iglesia se halla el característico **molino** harinero que preside la carretera. Está totalmente restaurado y en la actualidad alberga un restaurante.

Es Mercadal es famosa en toda la isla por sus pastelerías y especialidades reposteras, como el turrón, el mazapán y los *carquinyols*.

Alaior

Hablar de Alaior es hablar de **queso**. Este derivado lácteo goza de denominación de origen desde 1985 y se fabrica por toda la isla, pero recibe el nombre de Mahón porque tradicionalmente se ha embarcado en ese puerto hacia toda la Península Ibérica y Europa. Acepta hasta un 5% de leche de oveja, pero su base es de vaca. Para reconocer el que es artesanal del industrial hay que fijarse en que sea cuadrado, con las esquinas redondeadas y con las marcas del paño de prensado.

Alaior es destino de muchos turistas precisamente para hacerse con quesos. Pero antes de ello vale la pena perderse por el laberinto de su casco viejo, en el que descubriremos el señorial edificio del ayuntamiento, del siglo XVI.

Tiene dos iglesias destacadas. La de **Santa Eulàlia** se distingue fácilmente porque corona la colina sobre la que se asienta la localidad. Es monumental, con una elegante escalinata de acceso y un gran rosetón presidiendo la fachada principal, sobre una portada con arco ojival. Escondido en el entresijo de calles y blanco como una ermita mejicana es el antiguo **convento de Sant Diego**, que en los últimos años ha alternado las funciones de culto con las exposiciones artísticas. Su destino final es convertirse en centro cultural de la villa.

Uno de los yacimientos arqueológicos más destacados de la isla se encuentra en esta zona de Alaior. Se trata de la **Torre de Galmés**, un poblado talayótico amurallado en la cima de una colina que contiene una sala hipóstila sensacional y una taula cuya losa superior está caída.

Basílica de Son Bou

La basílica paleocristiana de Son Bou es uno de los restos arqueológicos más singulares de su género en la isla.

Los restos del templo se hallan en el extremo oriental de la playa de Son Bou, protegidos por un muro cuadrangular de poco más de un metro de alto. La iglesia está orientada de oeste a este, como posteriormente se haría con las iglesias medievales, intentando aprovechar los rayos del sol desde el primer momento del día.

La iglesia remonta sus orígenes al siglo V. Uno de los elementos más destacados es la pila bautismal, un bloque redondeado y vaciado en forma de hojas lobuladas.

Es una basílica de tres naves, con la cabecera tripartida, en la que se situaba en disposición central el ábside, con dependencias auxiliares a ambos lados. Del pórtico apenas se conserva nada, pero los arqueólogos han llegado a la conclusión de que había un nártex que era el lugar donde debían aguardar quienes todavía no habían sido bautizados. Los restos de una escalera que parten de este vestíbulo hacen suponer que podría haber un coro justo encima de la entrada principal. Junto al muro sur del templo había una pequeña necrópolis de la que se entreven algunos restos. Lo más sorprendente es que el templo se mantuvo en pie hasta el siglo XVIII, cuando fue arrasado por un incendio. En verano es chocante la estampa de bañistas tomando el sol junto a la basílica.

6 CALES COVES

A diez kilómetros de la localidad de Alaior en dirección sur se halla un retorcido entrante natural de la costa, que ha albergado poblamientos humanos desde la Edad de Bronce. De hecho, los prehistóricos menorquines excavaron la blanda roca del acantilado para conseguir viviendas troglodíticas de las cuales se conservan casi un centenar. Aunque seguramente hubo muchas más, la sobreexcavación provocó el derrumbe de parte de las construcciones. En las cuevas de Cales Coves se han hallado restos de inscripciones romanas y también enterramientos. Con el paso de los siglos fueron los pescadores quienes utilizaron el refugio, aun cuando la rocosidad de la cala no permite varar barcas, pero sí es un buen abrigo en caso de tormenta. Ya en la mitad del siglo XX fueron comunidades *hippies* quienes hicieron uso de tan original configuración, disfrutando del entorno bien conservado y las cristalinas aguas. Hoy parte de las cuevas están protegidas e incluso cerradas para evitar daños al patrimonio arqueológico, aunque la excursión merece la pena por el paisaje y por la visible colonia de tortugas mediterráneas que habita entre la vegetación.

QUE VER CERCA...

Cala en Porter y Cova d'en Xoroi

Cala en Porter está unos 8 km norte de Cales Coves y a 11 km de Alaior, entre los morros Esclafat y Ponent, y junto a la urbanización homónima. Un enorme entrante de mar y la desembocadura de Torrent de Cala en Porter forman esta playa con silueta de concha y una zona húmeda detrás. La cala se encuentra flanqueada por acantilados altos, cuyas peñas del margen derecho están coronados de vegetación y las del flanco izquierdo de viviendas residenciales. Destaca casi en la punta **Cova d'en Xoroi**, con vistas panorámicas espectaculares. La gruta enclavada en un escarpado acantilado, es hoy en día un bar de día, pero también copas, música y alguna que otra actuación en directo cuando cae la tarde, convirtiéndose en discoteca a partir de medianoche.

El acceso por carretera desde Alaior es sencillo siguiendo la señalización viaria. El vehículo particular se puede aparcar gratuitamente por los alrededores. En verano se puede llegar en autobús.

7 S'ALBUFERA DES GRAU

El gran parque natural

Toda la isla de Menorca está considerada por la UNESCO Reserva de la Biosfera, por la integración de la vida humana en el territorio de forma no agresiva. Y el corazón de dicha reserva es el parque natural de S'Albufera des Grau, en el extremo nororiental. Este espacio natural está formado por la propia s'Albufera des Grau, la isla d'en Colom y el cabo de Favàritx. En él encontramos una gran diversidad de ambientes como son zonas húmedas, terrenos agrícolas y ganaderos, bosques, acantilados, playas e islotes en zonas marinas.

El territorio del parque abarca 5.000 hectáreas. La mejor manera de disfrutarlo es acudir primero al centro de recepción Rodríguez Femenías, donde se reciben indicaciones sobre las mejores rutas y zonas para apreciar los bosques de acebuches y encinas, los cordones de dunas litorales o los humedales colindantes con el mar. Armados de prismáticos, ropas de colores discretos y paciencia, los visitantes pueden observar al águila pescadora o a las colonias de aves acuáticas como fochas, cormoranes o calamones. Más difícil será ver a la exótica lagartija italiana, también residente del espacio protegido. La reserva incluye el salvaje paraje de Cap de Favàritx, donde habrá que ir preparado para rachas de viento fuerte la mayor parte del año. El parque organiza visitas guiadas con reserva previa a los teléfonos de información. La duración es aproximadamente de dos horas y el grupo puede ser de un máximo de 20 personas. También existen itinerarios señalizados para realizar por cuenta propia: Itinerario de sa Gola, Itinerario de Santa Madrona e Itinerario de Llimpa.

Centro de recepción e interpretación del parque Ctra. Maó - Es Grau km 3,5, desvío Llimpa. Tel. 971 177 705 / 609 601 249. Abierto lu-do 9-15 h. https://es.balearsnatura.com.

Riqueza ecológica

La albufera des Grau es una laguna de 70 ha de superficie y uno de los ecosistemas más peculiares de la isla. Tiene hasta 3 metros de profundidad y alberga poblaciones de plantas acuáticas que, junto a algunas poblaciones de peces, hacen que sea un lugar de estancia y reposo para multitud de aves acuáticas, como la focha común o el águila pescadora.

El litoral, y en particular sus islotes, por sus duras condiciones de vida (viento, sequía, sal...) son un paraíso para ciertos endemismos. Plantas como los socarrells y animales como la lagartija balear habitan en estos lugares, único sitio del mundo donde se pueden encontrar.

Dentro del mar y en las calas de fondo tranquilo hay importantes praderas de *Posidonia oceanica*, que sirven de refugio y alimento a numerosas especies, además de ser la "fábrica" de la arena que encontramos en las playas. El mosaico agroforestal existente dentro del parque se caracteriza por la alternancia de superficies de pasto y cultivos con superficies arboladas, y es uno de los hábitats con una mayor diversidad de flora. Para mantener este mosaico es imprescindible seguir con la actividad rural del parque, lo cual se ha convertido en uno de los principales objetivos de su gestión. Se trata de una actividad que se remonta a tiempos antiguos, como se puede apreciar a través del rico patrimonio etnológico (pozos, barracas) y prehistórico (talayots) que encontramos en el parque.

Cap de Favàritx

El aspecto austero de Favàritx confunde. Parece un escenario sacado de costas bretonas o escocesas. El propio faro, pintado a rayas diagonales blancas y negras emergiendo de una modesta casa del farero y situado sobre un acantilado de pizarra bordeado por una valla de madera incitan a pensar en otras latitudes más frías.

Lo cierto es que Favàritx está muy expuesto al viento del norte, y que los acantilados no muy elevados pero casi verticales le dan un aspecto inquietante. La piedra negra de la pizarra contrasta fuertemente con la calcárea blanca predominante en las Illes Balears. Aquí se dan algunas plantas endémicas. El lugar es solitario todo el año.

Por el sur el cabo resguarda media docenas de calas, la más practicables para el baño de las cuales es la Platja d'en Tortuga. En el resto el mar se muestra un tanto feroz.

El camino de acceso por la carretera proveniente de Maó obliga a pasar varias fincas ganaderas –hay que cerrar las vallas al traspasarlas–, por lo que es común tropezarse con ovejas, cabras y los clásicos caballos que se utilizan en las fiestas de san Juan de Ciutadella.

El faro de Favàritx es el más moderno de la isla, se puso en funcionamiento en 1922. Dice la tradición popular que caminar por las aguas somas que quedan en las ensenadas en las noches de luna llena aportan energía y fertilidad.

8 PUNTA NATI

Desolaciones del norte

Cuando el visitante ha estado recorriendo Menorca y disfrutando del verde interior, con pastos que asemejan a Irlanda; o ha gozado de las paradisíacas calas de aguas color turquesa y pinos aromáticos que remiten a la esencia griega, se encuentra atónito ante el paisaje de Punta Nati. Se trata de uno de los lugares más singulares de Menorca, pues es una llanura, un cabo pedregoso con vegetación rala absolutamente maltratado por el viento de tramontana. Hasta tal punto que han debido construirse unos refugios de piedra para el ganado, ubicados en el subsuelo y a los que se accede mediante unas rampas. Reciben el nombre local de *ponts*. Ni siquiera los rebaños toleran el empuje del viento norte. El cabo está rematado por un grupo bastante grande de construcciones alrededor del faro levantado en 1910, tras un trágico naufragio. Ahora parte de estas instalaciones baliza han sido adecuadas como albergue (Tel. 971 484 155), con capacidad para 24 personas. Quienes no teman a las soledades y a un terreno un tanto fantasmagórico deben probar la experiencia. De noche, por su aislamiento, Punta Nati es sensacional para la observación de estrellas.

Para conocer más sobre este magnífico paraje vale la pena visitar la web de Amics de Punta Nati (https://amicsdepuntanati.com), una entidad sin ánimo de lucro creada para poner en valor este paisaje cultural y conseguir su declaración como Bien de Interés Cultural (BIC)

QUE VER CERCA...

Cala Morell

La llegada a Cala Morell es muy espectacular, pues la carretera desciende por unas rampas pronunciadas y deja al visitante frente a una visión que enamora a la vista de cualquiera, pero que tiene cautivados a los geólogos. Y es que éste es el punto en que los expertos detectan la aparición de los dos tipos de estructura rocosa que conforman la isla. Los materiales rojos de Cala Morell son del Jurásico. Las piedras están muy desgastadas por el viento y las olas, y forman forman caprichosas. Hay una gran roca en el extremo de la cala al que todo el mundo llama **L'Elefant**, por la forma de proboscidio que se adivina, sobre todo durante las horas de luz rasante de la puesta de sol.

Ocupando los acantilados que cierra la playa hallamos bien delimitada una necrópolis troglodítica correspondiente a la Edad de Bronce en la que destaca una columna excavada en la roca madre. También hay urnas votivas.

Algaiarens

En el cruce hacia Cala Morell se encuentra el desvío que conduce hacia la Vall d'Algaiarens. Se trata de un sistema de cala encaradas al norte pero resguardadas por pequeños cabos que se distinguen un poco de lo común en la isla de Menorca. Y ello es porque en lugar de arena blanca y fina como la harina están compuestas de grava pequeña de color ocre que contrasta con el azul intenso del agua del mar.

Hay hasta tres playas de buenas dimensiones que se agrupan bajo la denominación general, aunque luego los locales distinguen entre Algaiarens, Platja de Bot y Platja des Tancats. Estas dos últimas están incluidas dentro de una Reserva Natural de Interés Especial. Lo más valioso del conjunto es la cadena de dunas que contienen algunas especies botánicas especialmente adaptadas a este hábitat árido y altamente salinizado. Algunas especies de reptiles e insectos las pueblan. Por detrás de ellas hay unas pequeñas marismas que acogen especies avícolas de paso en sus migraciones y otras que permanecen regularmente, como ánades, fochas y calamones.

En el punto de aparcamiento de Algaiarens hay un pinar del que parte un sendero –señalizado discretamente con un rótulo azul en varios idiomas– hacia un mirador fantástico sobre el conjunto de playas. Es un camino de arcilla bastante empinado, pero apenas reclama diez minutos de paseo por el aromático bosque y se llega a lo alto del acantilado, desde donde se obtiene una memorable panorámica de las prodigiosas aguas turquesa que bañan la Vall d'Algaiarens.

9 NAVETA DES TUDONS

Barca de piedra de 3.500 años

Dos gigantes que se disputaban el amor de la misma joven decidieron que cavaría uno un pozo y el otro una naveta. Quien terminara antes se quedaría con la preciada novia. El del pozo fue más presto. Y el otro, enrabietado, cogió la última piedra que le quedaba por poner y se la lanzó al oponente, matándolo. Esa es la leyenda popular que explica la razón de ser de la Naveta des Tudons, tal vez el más afamado monumento prehistórico menorquín. Los expertos prefieren pensar que hace 3.500 años la cultura talayótica reinante en la isla construyó un monumento funerario de doble puerta de acceso y dos estancias, pues han encontrado restos humanos enterrados. Pero todavía no han dado con el porqué de que solo una piedra remate el conjunto en su cúpula. En cualquier caso, el monumento es magnífico por sí mismo y por el emplazamiento, y en días de fuertes lluvias incluso parece flotar sobre los charcos que se forman a su alrededor. El acceso al interior está ahora cerrado para evitar el vandalismo.

Naveta des Tudons Ctra. Maó-Ciutadella (km 40). Tel. 971 157 800. Lu, acceso libre y entrada gratuita. Ma, 9-15.15 h. Mi-do, 9–20.15 h. Entrada: 2 €. www.menorca.es.

QUE VER CERCA...

Poblado talayótico de Torrellafuda

Torrellafuda es un poblado talayótico (1000–700 a.C.) de gran belleza paisajística pues se localiza junto a amplias zonas de pasto y bajo un pequeño encinar, que le confiere una atmósfera especial. La visita constituye un agradable paseo en el que se pueden contemplar diferentes monumentos.

Un talayot circular se localiza en la cota más alta del terreno que ocupa el asentamiento, que debió estar rodeado por una muralla de la que solo se conserva algún lienzo. De la época post-talayótica (650 – 123 a. C.) es el recinto de taula cubierto por las encinas. La columna y el capitel están caídos y fragmentados en el suelo, pero se conserva una monumental pilastra en posición original. En los años 60 del siglo pasado fue objeto de una excavación arqueológica parcial que dató la última fase de su uso en el siglo I d. C.

Poblado talayótico de Torretrencada

Torretrencada es un poblado talayótico que perdura hasta la conquista romana en el 123 a.C. del cual se conservan diferentes monumentos, como el talayot, algunas cuevas artificiales funerarias excavadas en el subsuelo rocoso y unas sepulturas excavadas en la roca, probablemente de época alto-medieval. La taula es una de las más bellas de la isla, con una columna de refuerzo en la parte posterior, pero del muro que la rodeaba sólo se conserva un tramo bajo la pared seca moderna. Se trata de un recinto de la época post-talayótica (650–123 a.C.) destinado a la celebración de los rituales de la comunidad.

Poblado talayótico de Montefí

El poblado de Montefí es un asentamiento de época talayótica que se usó hasta época romana. En su momento de máximo esplendor, era uno de los poblados más grandes del entorno del puerto de Ciutadella.

Sus características arquitectónicas y espaciales nos hablan de una población ligada a la explotación ganadera y agrícola.

El poblado de Montefí tiene la singularidad de no tener recinto de taula, aunque no se debe descartar su presencia dada la destrucción que ha sufrido a lo largo del tiempo. Contiene los monumentos propios de un poblado talayótico: talayots construidos con la técnica ciclópea, necrópolis, cuevas naturales, silos de almacenaje, depósitos de recogida de agua...

10 BINIBÈQUER VELL

Otra manera de entender el turismo

A mitad de la década de 1960, el arquitecto Francisco Barba Corsini quiso realizar un "experimento urbanístico" y construyó, a cinco kilómetros al sur de la localidad de Sant Lluís, Binibèquer Vell. Se trata de una urbanización moderna pero que reproduce, a gran escala, la estructura de una casa de pescadores tradicional. Así, los arcos de entrada como los utilizados para resguardar las barcas, los tejadillos, las escaleras de madera de acebuche y las callejas angostas convierten a esta urbanización en un sitio muy curioso. Todo ello utilizando el deslumbrante blanco de la cal para forrar los exteriores. La urbanización cuenta con iglesia, tiendas, aparcamientos, un puerto para embarcaciones de dimensiones modestas y una bonita cala de arena fina y dorada con bastante superficie para tumbarse.

Rechazada por muchos por "postiza" y "parque temático", otros han visto sin embargo una apuesta estética muy diferente a la que se ha dado en las islas de Mallorca e Ibiza o, sin ir más lejos, en la menorquina cala de Santa Galdana. En cualquier caso, el lugar es curioso y en verano está muy animado, con un público que básicamente busca relajación y tranquilidad. Lo que se lleva al extremo en invierno, cuando Binibèquer Vell parece prácticamente un pueblo fantasma.

QUE VER CERCA...

Binibèquer Nou

Binibèquer Nou es un núcleo de población eminentemente turístico situado a 6 km de Sant Lluís, entre Punta Binibeca y Cala Torret, junto a la urbanización Binibéquer Vell. Desde su orilla se divisa Escull Illots de Binibèquer. La pequeña playa de la población se acomoda al final de un entrante de mar ancho, en forma de U y envuelto de roquedales de baja altura. Tiene un sistema dunar pequeño y en su parte trasera está cubierta de monte bajo. Sus aguas tranquilas y cristalina presentan una pendiente suave, con fondo de arena en el centro y algas en los laterales. El vehículo particular se podrá aparcar gratuitamente por los alrededores. Durante la época estival se puede llegar en transporte público.

OTROS PUNTOS DE INTERÉS

• Calas Macarella y Macarelleta

Escenarios perfectos que parecen sacados del océano
Índico, esta pareja de calas deslumbran por sus
arenales en forma de media luna, el bosque de pinos
que prácticamente llega a rozar el mar y fondos
arenosos que resaltan el azul turquesa cristalino de sus
aguas. Están separadas entre sí por un promontorio
rocoso que solo toma cinco minutos cruzar y que
facilita una visión aérea perfecta. En los acantilados
que cobijan ambas playas se localizan cuevas que
durante la Prehistoria fueron utilizadas como cámaras
funerarias.

*Calas Macarella y Macarelleta Desde Ciutadella, tomando
la ronda sur dirección Maó y siguiendo los indicadores.
Hay dos aparcamientos: uno de pago, más cerca del arenal,
y uno más alejado, gratuito. También se llega caminando
desde Cala Santa Galdana, por un sendero boscoso (30
min).*

• Camí de Cavalls

Es un sendero defensivo que se trazó alrededor de
todo el perímetro de la isla en el siglo XIV. Tras
muchos avatares, sobre todo en las últimas décadas,
con fragmentos cerrados por los propietarios de los
terrenos, se ha recuperado y balizado, y constituye un
magnífico recorrido de 185 km. Ideal para recorrer a
pie, a caballo o en bicicleta de montaña.

Se tienen noticias del Camí de Cavalls desde el siglo XIV, aunque aparece en documentos escritos en 1682. Como forma para vigilar la isla y conectar las torres de defensa y las baterías se traza un sendero que da la vuelta a todo el litoral. Hoy todo el recorrido está a disposición libre y gratuita del público gracias a las grandes movilizaciones para su recuperación y señalización llevadas a cabo, principalmente, por grupos ecologistas y excursionistas.

El Parlament balear ordenó su recuperación en el año 2000, y ya está parcialmente acondicionado y señalizado para quienes desean tener una experiencia única caminando, a lomos de bicicleta o de caballo.

Camí de Cavalls Todos los detalles del recorrido en www.camidecavalls360.com.

• Ferreries

Situado prácticamente en el centro de la isla, a igual distancia de las dos ciudades más importantes, el pueblo de Ferreries reúne varios puntos de visita interesante: el pequeño pero cuidadísimo casco viejo, la iglesia de Sant Bartomeu, un templo elevado, completamente blanco, de estilo neoclásico y levantado en el siglo XVIII y el castillo de Santa Àgueda, edificado sobre una anterior fortaleza musulmana y al que se llega en una excursión a pie de una hora aproximadamente que parte de la zona de Pla Verd (bien señalizado desde Ferreries). Además, Ferreries es buen punto de partida para otras excursiones tan interesantes como el barranco de Son Fideu, con el fondo cultivado y un precipicio por el que se encarama el bosque; y el yacimiento arqueológico de Son Mercer de Baix, que se remonta al 2500 a.C.y en el que destacan dos navetas en forma de herradura.

A un kilómetro de Ferreries, en la finca Hort de Sant Patrici, puede visitarse el Museo del Queso, que permite ver el proceso de elaboración artesanal de este derivado lácteo, piezas y herramientas antiguas y, cómo no, una degustación de variedades acompañada de vinos de la tierra de la misma finca.

Museo del Queso. Camí de Sant Patrici s/n. Tel. 971 373 702. Ferreries. www.santpatrici.com.

• Cap d'Artrutx

Es una de las zonas menos visitadas. El paisaje es muy agreste en el extremo sudoccidental de Menorca, con acantilados bajos que no propician las actividades para los bañistas. Pero quien desee disfrutar de dos buenas playas tiene muy cerca Cala en Bosc y Cala Son Xoriguer. El faro de Artrutx se eleva, decorado a franjas blancas y negras, en una zona muy expuesta al viento, donde se "cruzan" las dominantes norte y sur, de difícil navegación.

• Barranc d'Algendar

El barranc de Algendar es el barranco más importante de la isla. Empieza cerca de Ferreries, junto a la carretera general que une Maó con Ciutadella, en el llamado monte de Santa Magdalena, y desemboca en la playa de Cala Galdana. Su longitud es de 7 km, valor que equivale a la mitad de la anchura media de la isla, que es de 13,5 km. Sus paredes más verticales pueden llegar a los 80 metros de altura.

Es un barranco excavado por la acción del agua del torrente que recorre su fondo y que constituye un caso excepcional en la isla, ya que lleva agua todo el año con un caudal considerable, incluso en los años más secos.

Esta característica se debe al hecho de que el torrente drena una extensa área de territorio desde el pla Verd hasta el macizo de Santa Águeda y, además, recibe aportaciones de las aguas subterráneas del acuífero de Migjorn. Este hecho se manifiesta de una manera espectacular en las proximidades de la desembocadura del barranco, donde encontramos la font dels Eucaliptus (fuente), donde las salidas de agua del acuífero inundan de manera permanente los terrenos de alrededor del torrente. La abundancia de agua propicia la existencia de una vegetación de ribera poco frecuente en Menorca.

Datos útiles

10 Restaurantes recomendados

10 Tiendas seleccionadas

10 Mejores eventos

DATOS ÚTILES | 10 restaurantes

En la cocina menorquina el pescado y el marisco, las carnes de ovino y bovino, los quesos y los dulces son los protagonistas principales. Las hierbas aromáticas propias del Mediterráneo desempeñan un papel destacado. Los restaurantes de la isla suelen ser fieles al recetario tradicional, aunque cada vez se prueba más la fusión.

La Minerva *Moll de Llevant, 87. Maó. Tel. 971 351 995.* Apuesta clara por el pescado en un restaurante que destaca su vocación marinera incluso con una plataforma flotante en pleno puerto mahonés. http://restaurantelaminerva.es.

Cafè Balear *Pla de Sant Joan, 15. Ciutadella. Tel. 971 380 005.* Restaurante con todas las de la ley, aun cuando conserve su antiguo nombre. Pescado y marisco procedente de una barco propio que amarra cada día con capturas sabrosas. www.cafebalear.com.

Restaurante La Guitarra *C/ Nostra Senyora Dolors, 1. Ciutadella. Tel. 971 381 355.* Especialidad en caldereta de langosta y también carnes exóticas como la de canguro.

Restaurant Es Cranc Pelut *C/ Poeta Gumersind Riera, 98 (Paseo Marítimo). Fornells. Tel. 971 376 743.* Recetas marineras, sin sofisticaciones, contando con la materia prima que traen los barcos todas las jornadas. Abre de mayo a octubre. www.crancpelut.com.

⚲ Restaurante S'Moix *Av. Jaume*

Conqueridor, 38. Ciutadella. Tel. 971 382 808. Cocina mediterránea en un ambiente tranquilo con patio interior ajardinado. Especialidades marineras, exquisitos platos de carne y un menú económico. www.smoix.com.

⚲ C'an Olga *Pont de na Macarrana, Es*

Mercadal. Tel. 971 375 459. En una típica casa menorquina en pleno casco antiguo de Es Mercadal, y con un bonito patio interior, sus platos fusionan la cocina menorquina tradicional con toques orientales y mediterráneos. https://canolga.com.

⚲ Hort Sant Patrici *Camí de Sant Patrici s/n.*

Ferreries. Tel. 971 373 702. En un tranquilo entorno rodeado de jardines y viñedos, ofrece menús de temporada con productos frescos de la tierra y del mar, quesos y vinos de elaboración propia y verduras del huerto de la misma finca. https://santpatrici.com.

⚲ Restaurante Arjau *Moll de Ponent, 11.*

Maó. Tel. 636 232 497. Gastronomía menorquina honesta, con arroces elaborados de una forma original y diversas modalidades de langosta: en caldereta, grillé, en paella o arroz caldoson o frita con huevos y patatas. www.arjaumao.com.

⚲ Puerto Dips *C/ Stuart, 4, Es Castell.*

Villacarlos. Tel. 652 328 637. Fusión de comida europea e internacional, con platos sencillos y sanos. Opciones veganas y vegetarianas. Patio interior. www.facebook.com/puertodips

♥ **Cuk-Cuk** *C/ Sant Pere d'Alcàntara, 13. Ciutadella. Tel. 971 380 703.* Se puede degustar cualquiera de sus especialidades Mediterráneas como arroces, calderetas o fideuás. www.cuk-cuk.com

◉ Gin Xoriguer *Moll de Ponent, 91 (destilería).*
Plaza del Carmen, 17 (tienda). Maó. Tel. 971 362 197
/ 971 362 611. La fábrica del más consumido de los
gins menorquines está en el puerto mahonés,
ofreciendo una variedad extensa de aguardientes.
www.xoriguer.es.

◉ Centro Comercial Es Forn *Av. Los*
Delfines 9. Ciutadella. Tel. 971 388 554. Centro
comercial con zonas al aire libre, oferta de
restauración, parking y muchas tiendas interesantes,
desde charcuterías a boutiques.

◉ Fàbrica Anglada *C/ Sant Isidre, 24.*
Ciutadella. Tel. 971 381 455. Las clásicas sillas
menorquinas con lona en el respaldo y el asiento y
todo tipo de muebles auxiliares.
www.sillamenorquina.com.

◉ Mercat del Carme *Claustre del Carme.*
Maó. Tel. 638 920 259. Magnífico mercado en el que
pueden encontrarse productos típicos de la
alimentación menorquina, con el queso de Maó a la
cabeza. www.mercatdesclaustre.com.

◉ Cas Sucrer *Pça. Constitució, 11. Es Mercadal.*
Tel. 971 375 175. Pastelería tradicional en el centro de
la isla, con pan y dulces sin artificios ni arabescos. Lo
de toda la vida. www.cassucrermenorca.com.

⚲ El Paladar C/ *Carrer de la Creu, 1 en*
Ciutadella y Carrer de Ciutadella, 97 en Maó. Tel.
971 382 362. Varios establecimientos tanto en Maó
como en Ciutadella dedicados a las *delicatessen*
menorquinas y también a jamones importados de la
Península. www.elpaladar.es.

⚲ Centre Artesanal de Menorca C/ *Metge*
Camps, s/n. Es Mercadal. Tel. 971 154 436. Espacio
que agrupa a diferentes artesanos, desde los que hacen
vallas de acebuche a los apicultores o los cosedores de
sillas tradicionales. www.artesaniademenorca.com.

⚲ Bodegas Binifadet Ctra. *Sant Lluís-Es*
Castell, km. 0,5. Sant Lluís. Tel. 971 150 715. Tres
décadas de duro trabajo para conseguir prestigio con
vinos criados en la propia isla distinguen a esta firma
que se ha lanzado también a comercializar otros
productos gastronómicos y cosméticos siempre
hechos a base de vino. www.binifadet.com.

⚲ Galería Artara C/ *de l'Àngel, 29. Maó. Tel.*
971 362 652. Galería de arte en la que además de
poder visitar diferentes exposiciones, se ofrece una
gran variedad de servicios como: enmarcaciones,
laminados y material artístico.
www.galeriaartara.com.

⚲ Lluu C/ *Joan Ramis i Ramis nº1, bajos.*
Ciutadella. Tel. 625 964 655. Fabrican calzado,
complementos y suvenirs con la posibilidad de
personalizarlos. Disponen de una gran variedad de
abarcas menorquinas para mujeres, hombres y niños.
https://lluu.com.es.

Alaior, Ciutadella, Es Castell, Es Migjorn Gran y Ferreries son las únicas localidades de la isla que celebran mercado semanal (los días jueves, sábado, lunes/miércoles, miércoles y sábados respectivamente).

ENERO

San Antonio. El día 17 se honra al patrón de la isla y se recuerda la llegada del rey Alfonso III.

MARZO

Gloses. La localidad de Ferreries convoca a los que se atrevan a improvisar versos (*gloses*) sobre un tema escogido pocos minutos antes.

MAYO

Virgen del Toro. El día 8 es tradicional peregrinar al santuario de la patrona de Menorca.

JUNIO

San Juan. En Ciutadella, el día 24 es el más grande del calendario. Imprescindible asistir al espectáculo del "jaleo", donde los jinetes hacen cabriolas ayudados por la multitud.

San Pedro. Se celebra en varias localidades, sobre todo las costeras, que lo tienen como patrón. Los festejos más animados tienen lugar en el puerto de Maó, donde hay regatas y juegos infantiles.

JULIO

Festival de Música de Maó. La ciudad lleva casi cuatro décadas acogiendo este festival que se muestra ecléctico aun cuando esté dedicado a la música clásica. Los conciertos principales son en la iglesia de Santa Maria entre julio y agosto. www.joventutsmusicalsdemao.cat.

Festival de Música d'Estiu. Desde 1963 Ciutadella organiza este festival que acoge todo tipo de músicas, aunque suele hacer una apuesta por los grupos intimistas. www.jjmmciutadella.com.

Virgen del Carmen. El día 16, para festejar a la patrona de los pescadores, localidades como Maó, Fornells o Ciutadella pasean a la imagen de la Madre de Dios en procesiones marineras con los barcos de pesca adornados especialmente para la ocasión.

Fiesta mayor de Es Castell. Entre los días 24 y 26, con los tradicionales recitales de poesía, se celebra el patrón de la villa, san Jaime.

AGOSTO

Fiesta mayor de Ferreries. Los días 24 y 26, con espectáculos de caballos similares a los de Ciutadella.

SEPTIEMBRE

Mare de Déu de Gràcia. Los días 7, 8 y 9, bailes tradicionales, música y concursos en Maó. El día 10 jinetes y acompañantes se dirigen a coronar la montaña del Toro para hacer una ofrenda a la Virgen.

Tercera edición digital: Junio de 2022

Segunda edición digital: Mayo de 2020

Primera edición digital: Enero de 2015

© **Ecos Producciones Periodísticas SCP**, 2022

www.guiasecos.com

Textos: Sergi Ramis

Cartografía: Ecos Travel Books

Fotos: Sergi Ramis. Portada, tagstiles.com; Gastronomía, Manuel.

GUÍAS DIGITALES ECOS

Ámsterdam I Atenas I Barcelona I Bélgica IBerlín I Bilbao I Bratislava IBudapest I Buenos Aires I Cafés de Europa ICalifornia I Camboya, bajo la lluvia del monzón I Camino de Santiago I Camino de Santiago en Castilla y León I Camino de Santiago en Galicia I Camino de Santiago en Navarra y La Rioja I Comer bien en el Camino de Santiago ICopenhague I Costa Brava I Donostia-San Sebastián I Dubrovnik I Edimburgo I Escocia I Estambul I Estocolmo I Finlandia I Fiordos de Noruega IFlandes I Florencia I Glasgow I Himalaya I Holanda I Ibiza y Formentera I Isla Mauricio I Islandia I Islas BalearesI Islas Feroe I Japón I Jerusalén I Lisboa I Londres I Los Ángeles I MadeiraIMadrid I Mallorca I Malta I Manhattan I Marrakech I Menorca I Mississippi el río, la autopista del blues I Nápoles I Noruega I Nueva York I Oslo I París I Praga I Provenza I Roma I San Francisco I Tallinn I Valencia I Venecia I Viena I Zurich

GUÍAS ECOS EN LIBRERÍAS

Berlín I Bretaña I Budapest I Camino de Santiago I Copenhague I Croacia I Escocia I Estambul I Finlandia I Islandia I Japón I Lisboa I Madeira I Marrakech I Noruega I Nueva York I Repúblicas Bálticas I Suecia

www.guiasecos.com

Si tienes algún comentario o información que enriquezca los contenidos de esta guía, o simplemente quieres contarnos tu visita a Menorca, puedes escribirnos al e-mail: info@ecosediciones.com